AF509305

L'A.B.C. DU DESSIN

JOUET DÉDIÉ AU PREMIER ÂGE

Par Félix ROBAUT (de Douai.)

PREMIÈRE PARTIE.

Tous les dessins de la Première Partie sont exécutés avec des pièces de métal droites de diverses longueurs.

Dans la Deuxième Partie, les dessins dont quelques-uns donnent déjà une idée de la perspective, sont exécutés avec des pièces droites, courbes et demi-circonférences.

(Déposé).   Droits de reproduction réservés.

LITH. PAUL DUTILLEUX, DOUAI.

Premiers Exercices de la première Partie de l'A,B,C.

CE JOUET est destiné à amuser l'enfant, tout en exerçant ses doigts et ses yeux, sans fatiguer son intelligence.

L'enfant acquerra sans s'en douter une habitude précieuse, celle de *procéder par les masses*, c'est-à-dire de reproduire les lignes principales qui donnent une idée exacte de la forme des objets.

L'enfant commencera par placer des barres de même longueur (0ᵐ 02) sur la première page d'exercices.

Lorsqu'il en aura fait quelques pages, il passera à l'imitation des dessins avec les barres en métal et exécutera ainsi : une croix, un carré, un losange, etc.

Lorsque l'enfant aura acquis une certaine habileté en copiant les modèles de la première partie, on lui remettra un crayon tendre en ayant soin de le faire commencer par les lignes horizontales ou verticales ; ainsi, s'il doit faire une *croix*, on lui fera tracer d'abord la ligne horizontale ———— puis la verticale

Pour exécuter un *carré*, il devra procéder en suivant les chiffres 1, 2, 3, 4.

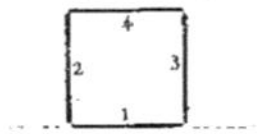

Pour un chapeau :

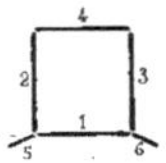

Pour un entonnoir :

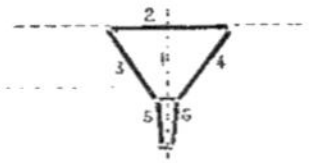

Pour une bouteille :

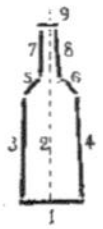

Une échelle :

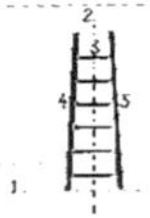

Avec les *barres* l'enfant s'y prendra ainsi :

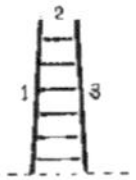

Quand l'enfant saura exécuter les dessins avec le crayon, on les lui fera repasser à l'encre.

Cette méthode, qui se recommande par sa simplicité, permet d'enseigner le dessin même avant l'écriture, ou simultanément avec elle ; elle n'exige en effet, de l'enfant que la peine de choisir les pièces nécessaires pour copier le modèle. Toute difficulté d'exécution pour reproduire la forme est écartée ; et l'élève n'éprouvera plus cette répugnance instinctive qui lui fait contracter la déplorable habitude de ne point consulter le modèle.

Dessins exécutés avec barres de la même longueur 0.05

Fig. 1   Fig. 2

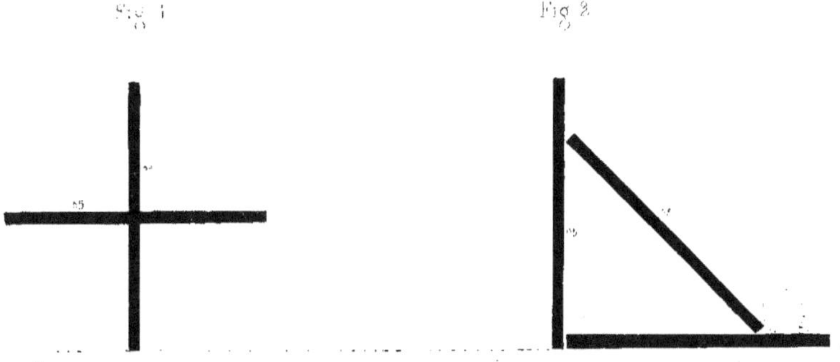

Une Croix   Une Équerre

  Dessins exécutés avec barres d'une seule longueur 0,05

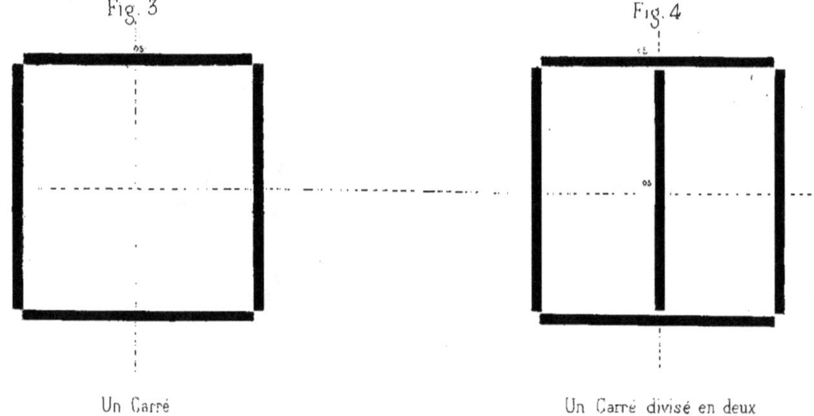

Fig. 5

Fig. 6

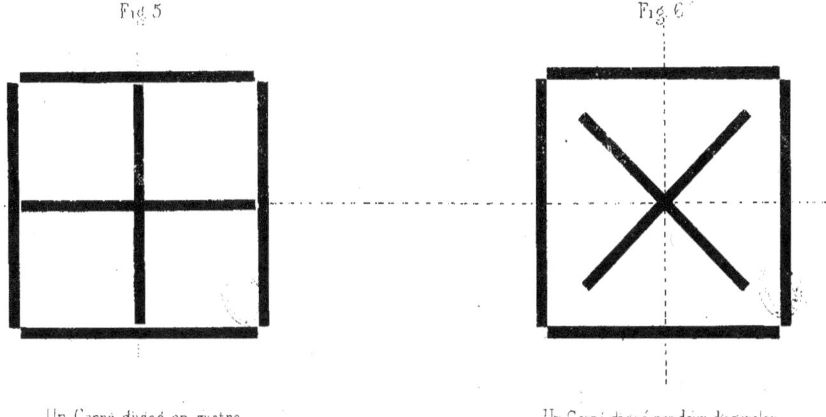

Un Carré divisé en quatre

Un Carré divisé par deux diagonales.

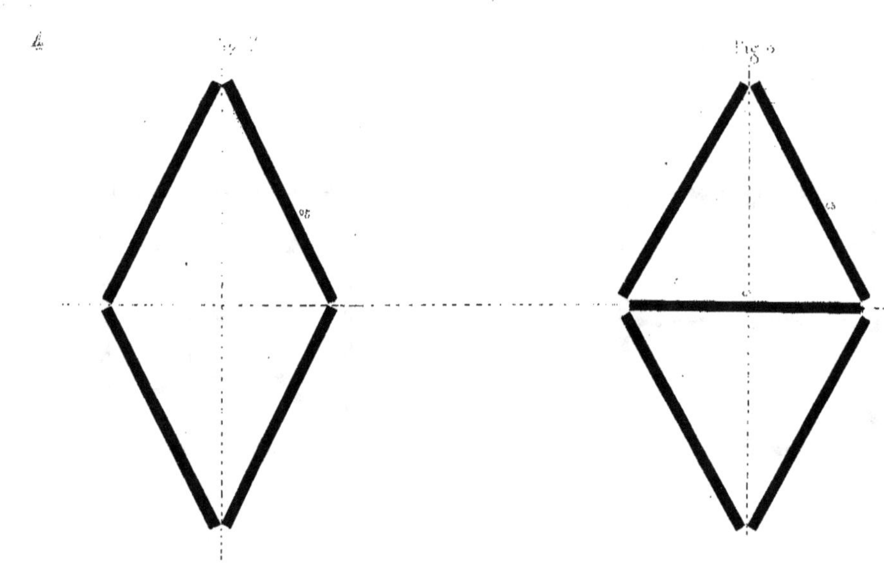

Un Losange
Un Losange divisé en deux

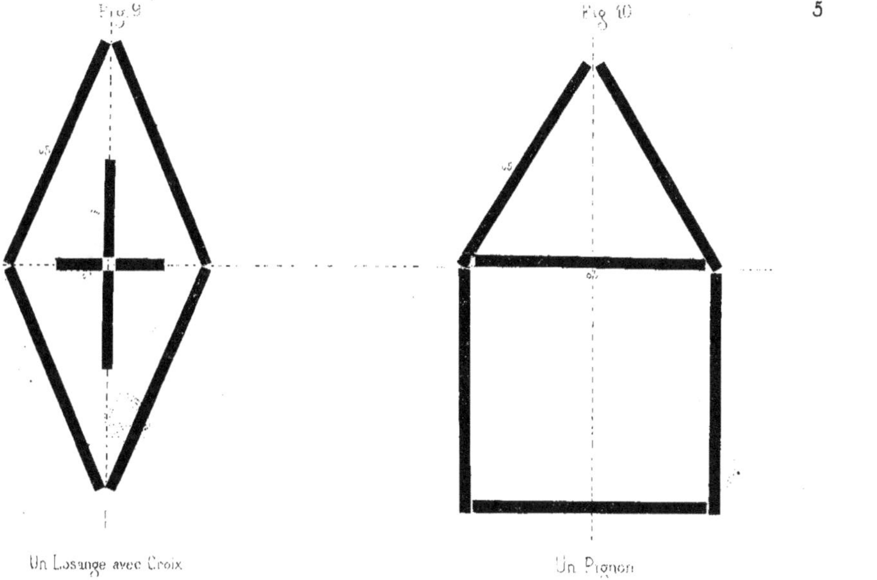

Fig. 9

Fig. 10

Un Losange avec Croix

Un Pignon

Fig 11

Fig 12

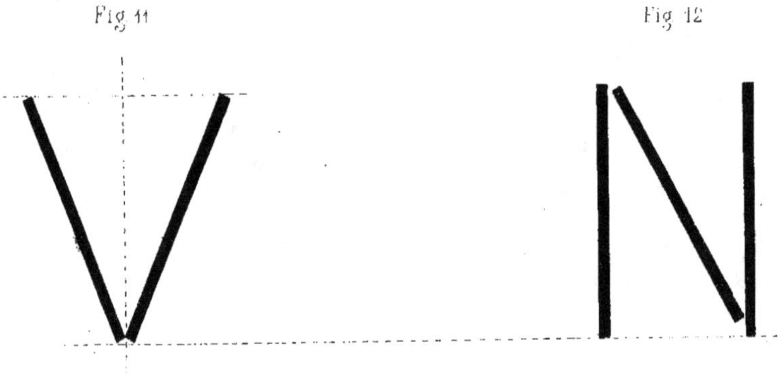

Un V   Un N

Fig. 13

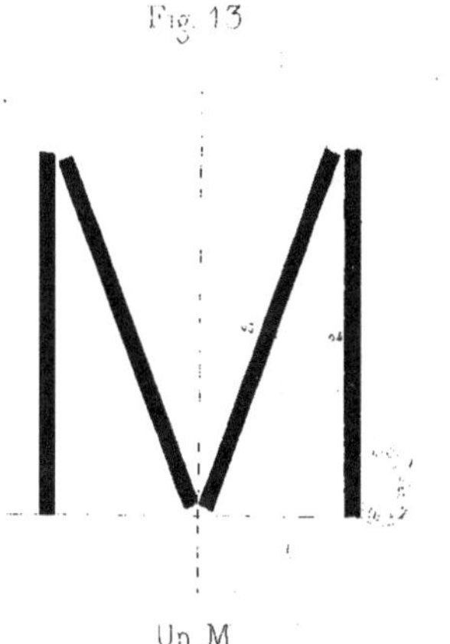

Un M

Fig. 14

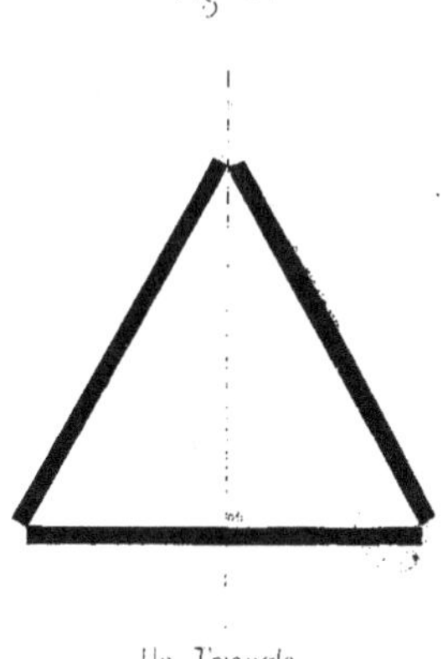

Un Triangle

Fig. 15

Fig. 16

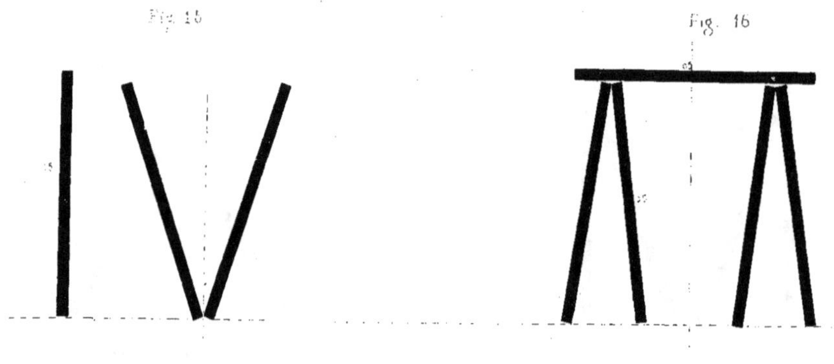

Le Cloître (Rousseau)

Un Tréteau

Fig 17   Fig 18

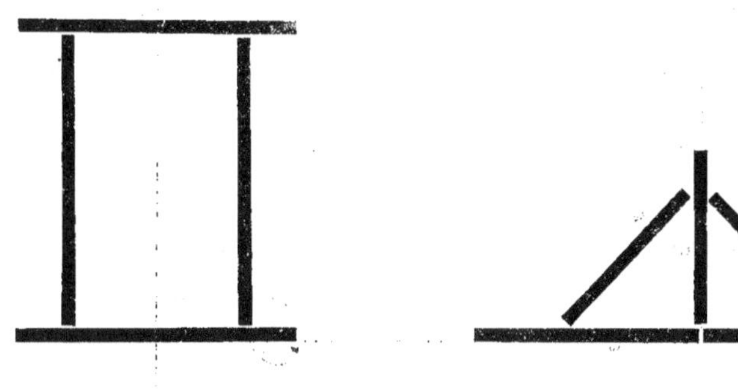

Un Châssis de porte   Un grand Niveau

10

Fig. 19

Fig. 20

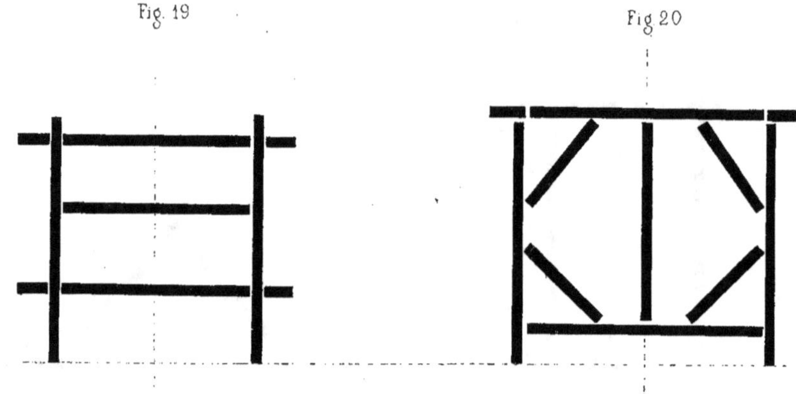

Barrières

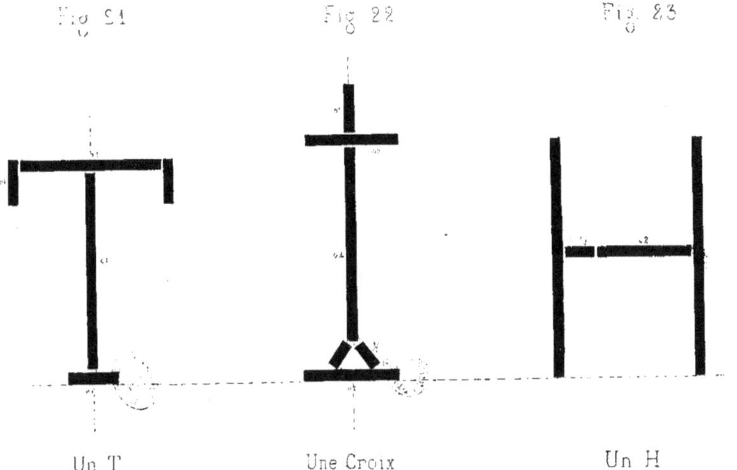

Fig 21
Fig 22
Fig 23
Un T
Une Croix
Un H

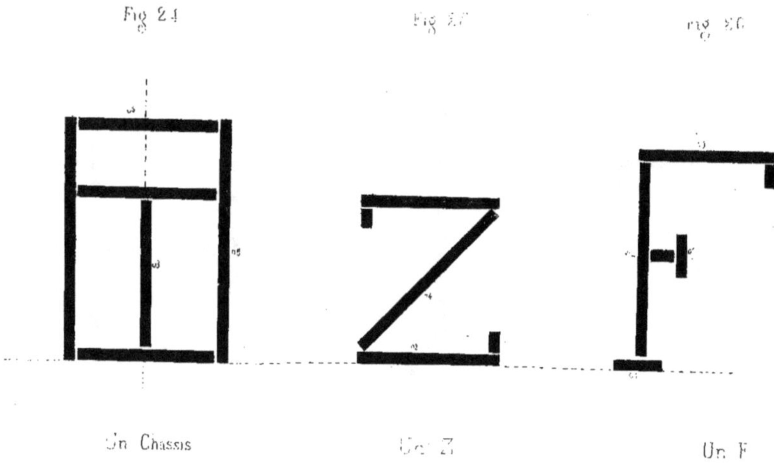

Fig 24
Fig 25
Fig 26
Un Chassis
Un Z
Un F

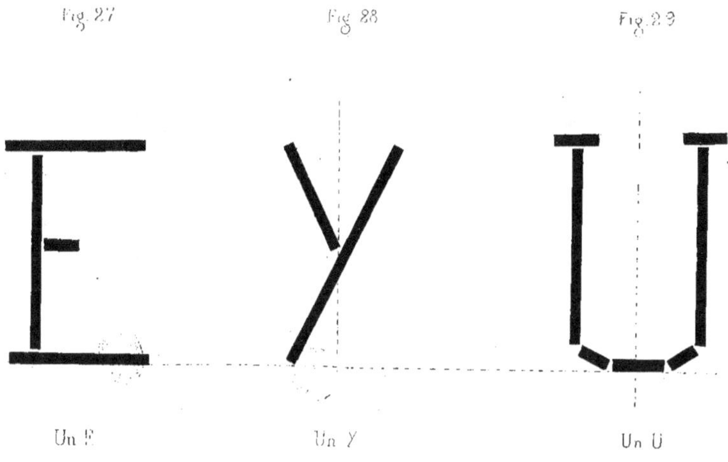

Fig. 27
Fig. 28
Fig. 29
Un E
Un Y
Un U

Fig. 30

Fig. 31

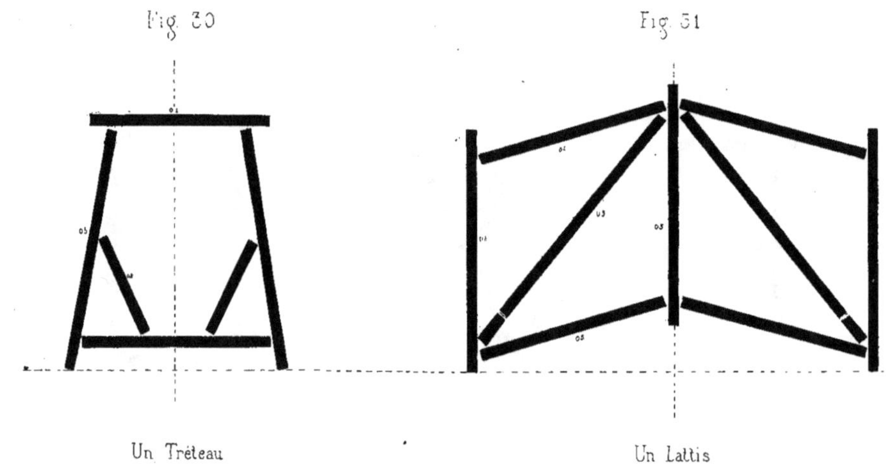

Un Tréteau

Un Lattis

Fig. 32

Fig. 33

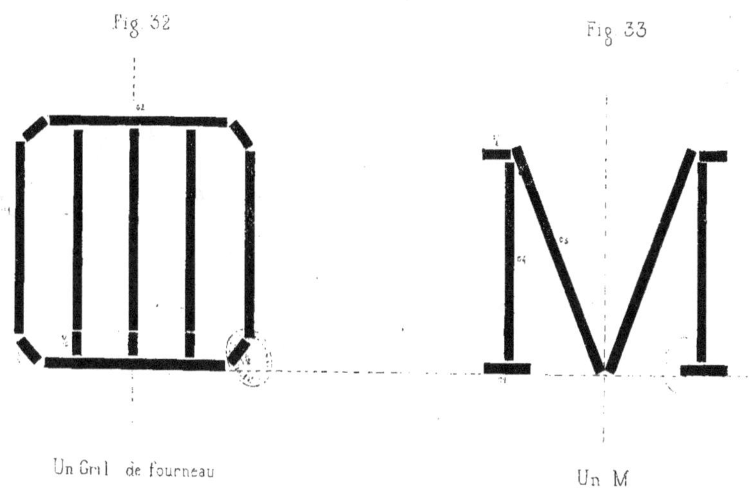

Un Gril de fourneau

Un M

Fig 34   Fig 35

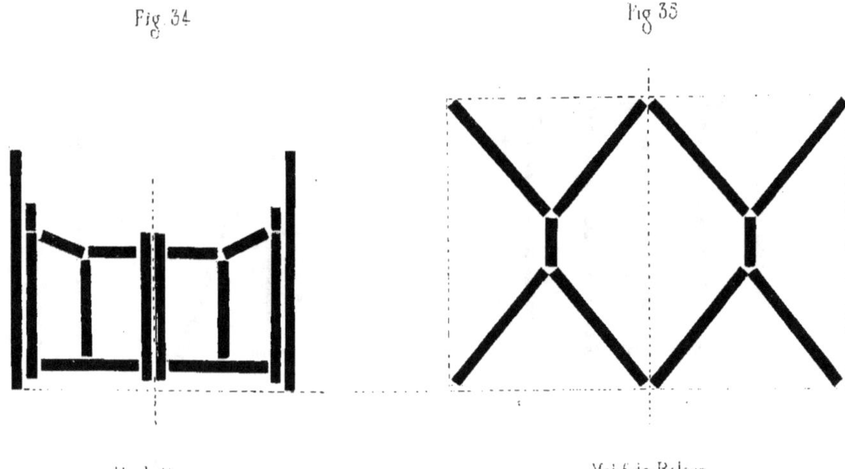

Un Lattis   Motif de Balcon

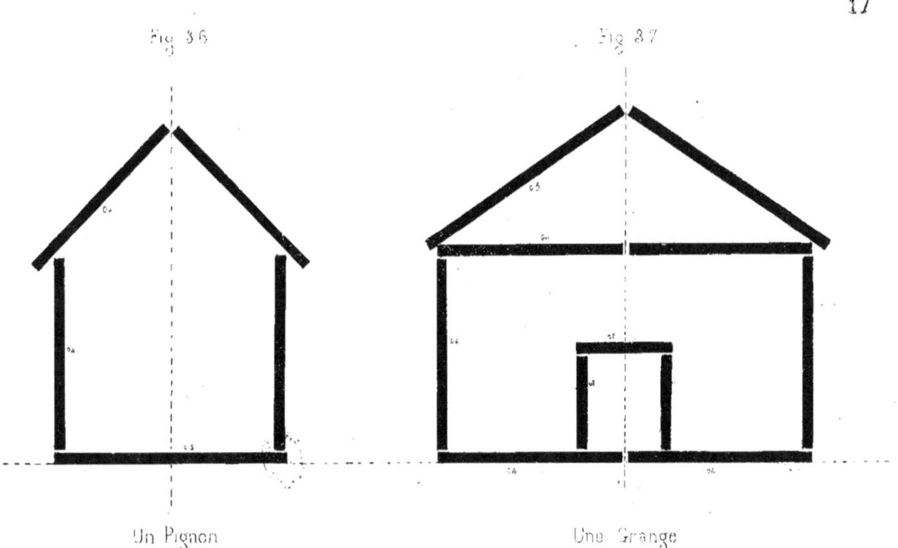

Fig 36

Fig 37

Un Pignon

Une Grange

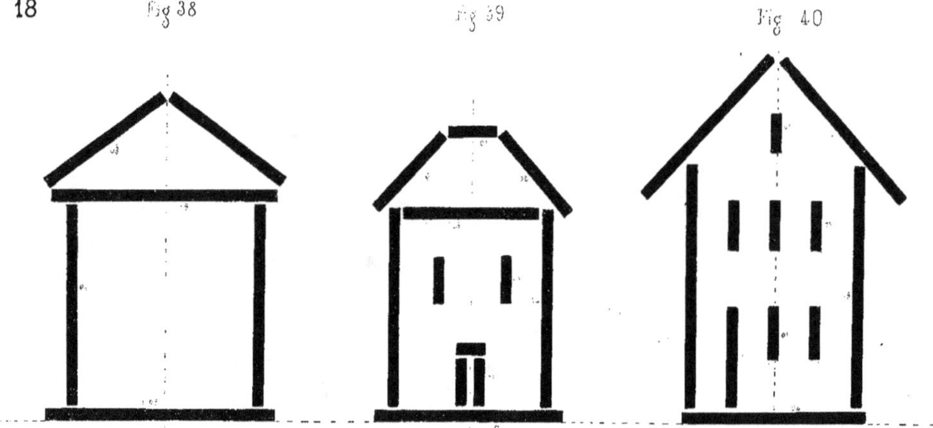

Fig 38
Fig 39
Fig 40

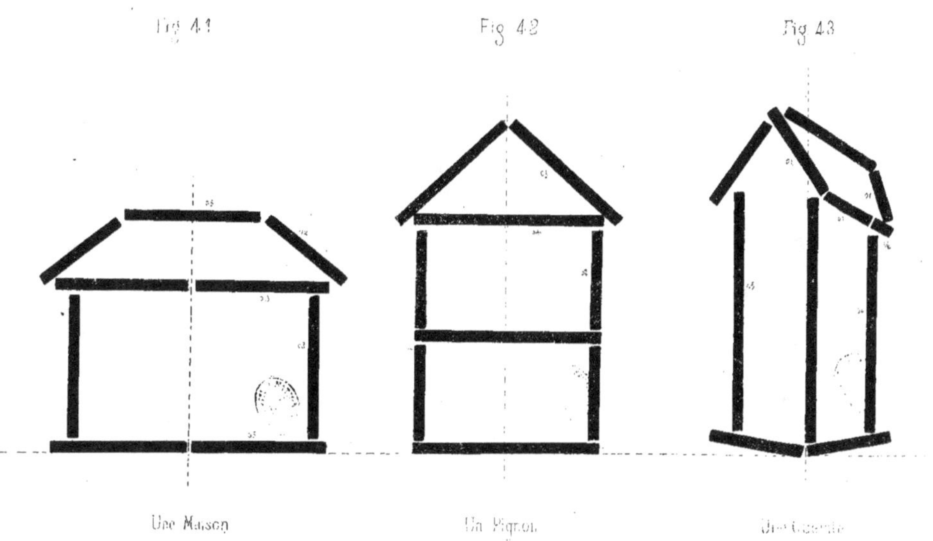

Fig 41
Fig 42
Fig 43
Une Maison
Un Pignon
Une Guérite

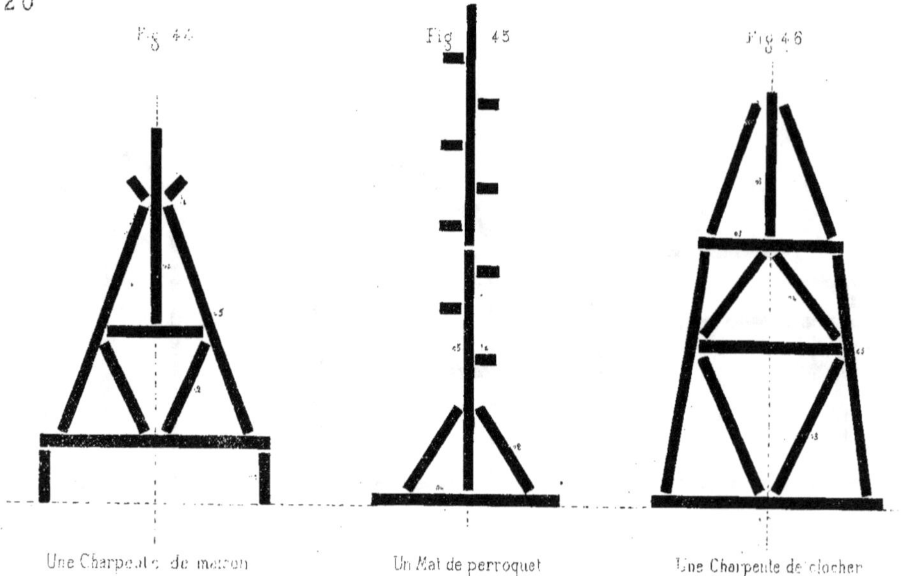

Une Charpente de maison

Un Mat de perroquet

Une Charpente de clocher

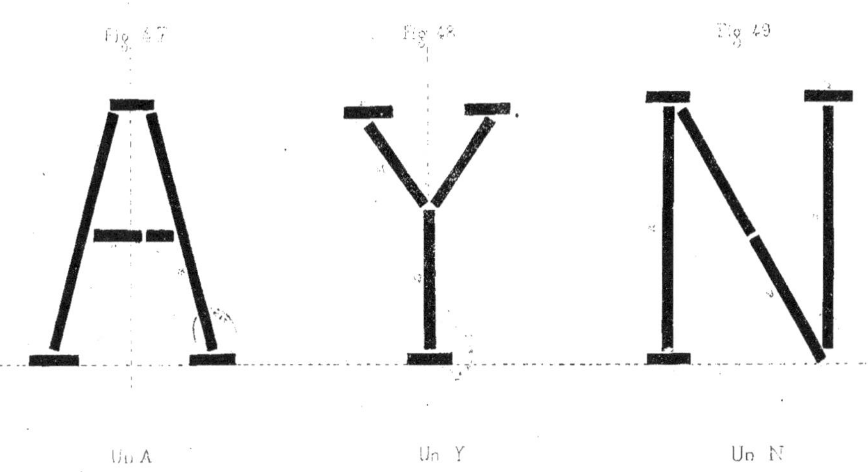

Fig. 47   Fig. 48   Fig. 49

Fig 50   Fig 51   Fig 52

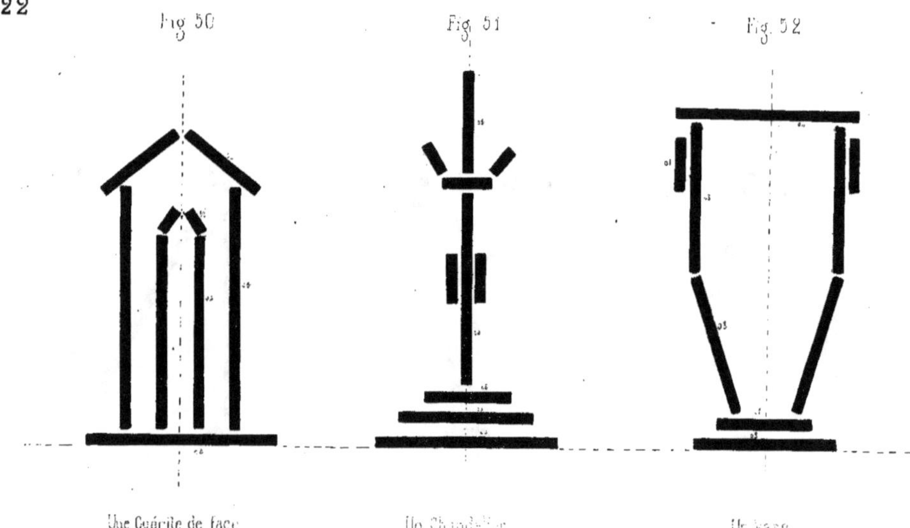

Une Guérite de face   Un Chandelier   Un Vase

Fig 53.

Fig 54.

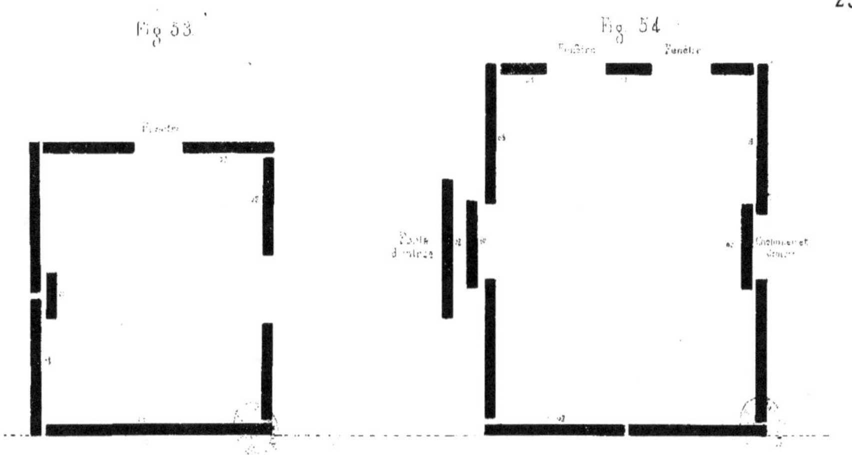

Plan d'une Chambre

Plan d'un Salon
au rez-de-chaussée

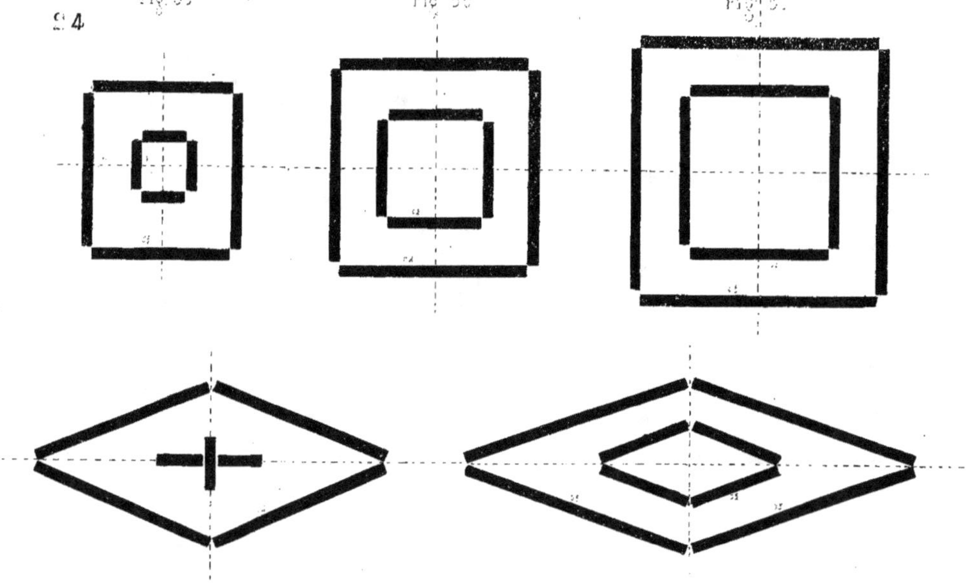
24
Fig. 55
Fig. 56
Fig. 57

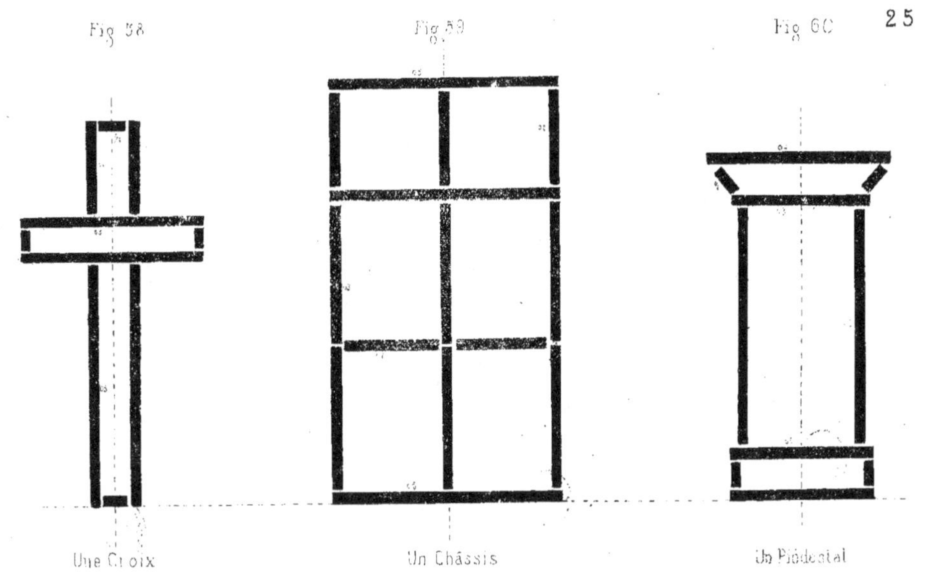

Fig 58
Fig 59
Fig 60
Une Croix
Un Châssis
Un Piédestal

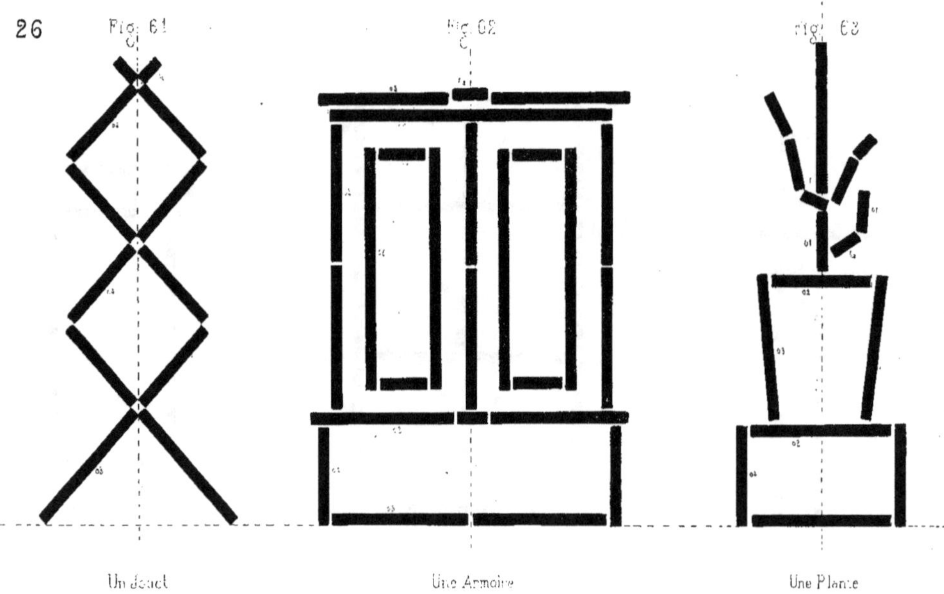
Fig. 61
Fig. 62
Fig. 63
Un Jouet
Une Armoire
Une Plante

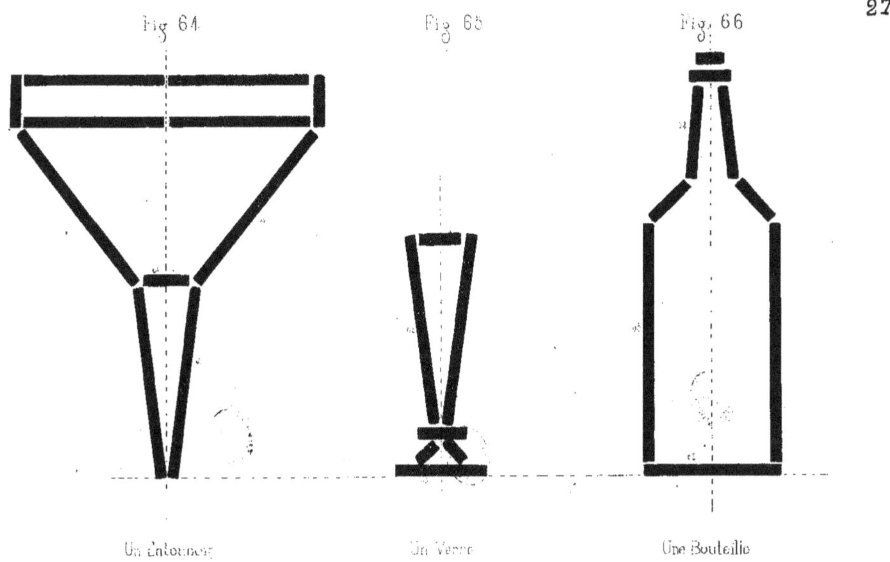

Fig 64.   Fig 65   Fig. 66

Un Entonnoir   Un Verre   Une Bouteille

28

Fig. 67
Fig. 68
Fig. 69

Une Casserole
Un Porte-Cierges
Un Bougeoir

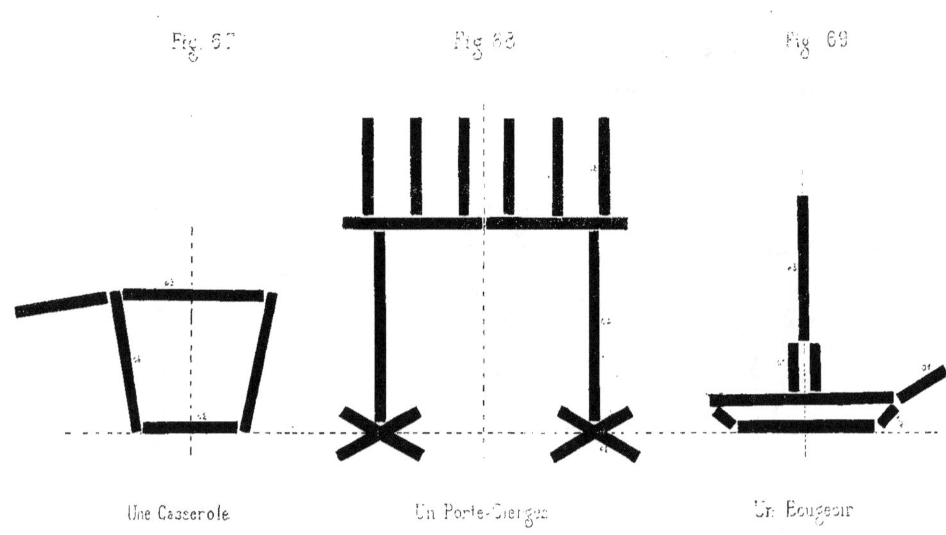

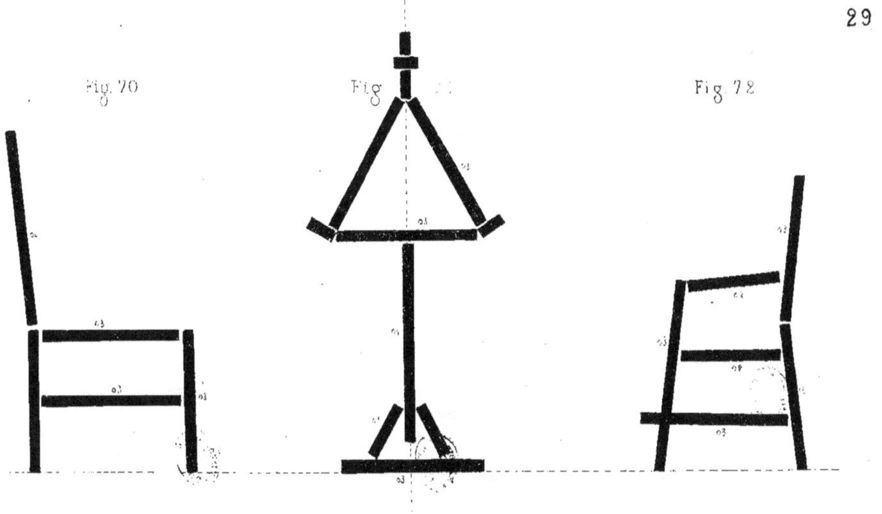

Une Chaise	Pupitre de lutrin	Un Siége de Bureau

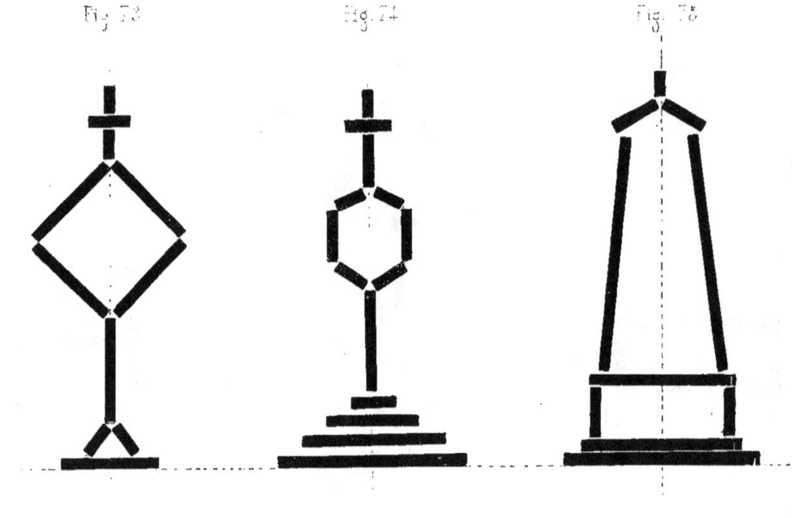

Fig. 73   Fig. 74   Fig. 75

Une Épitaphe   Une Épitaphe   Un Tombeau

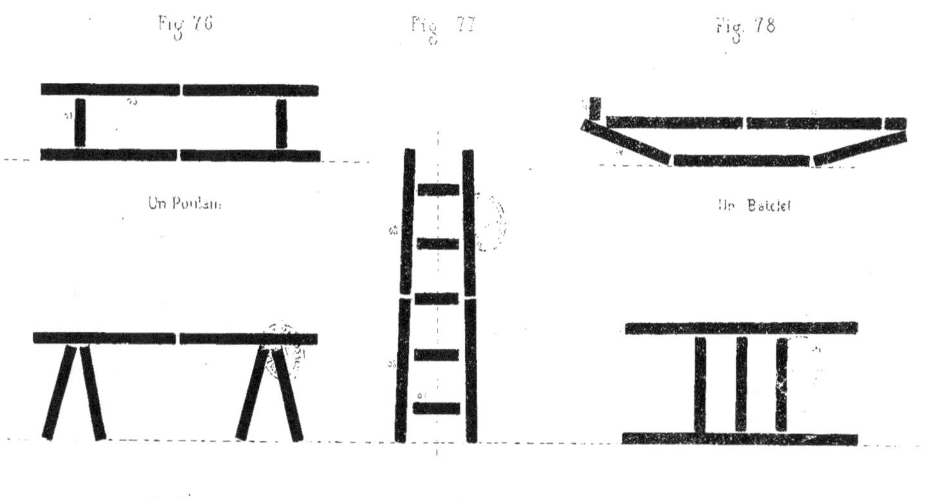
Fig 76
Fig. 77
Fig. 78
Un Poulain
Un Baudet
Un Banc
Une Echelle
Une Civière

Fig. 79

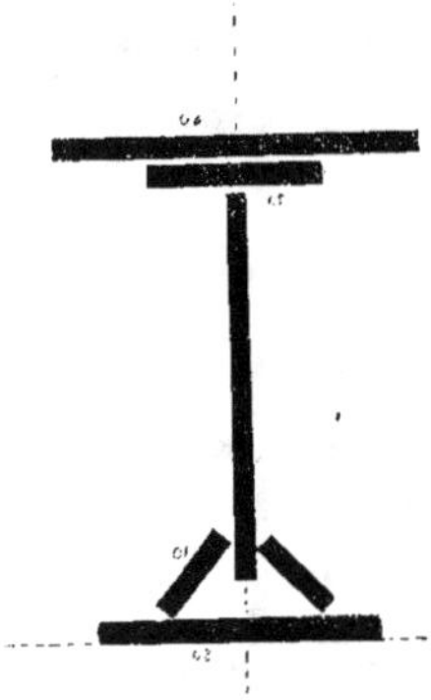

Fig 80

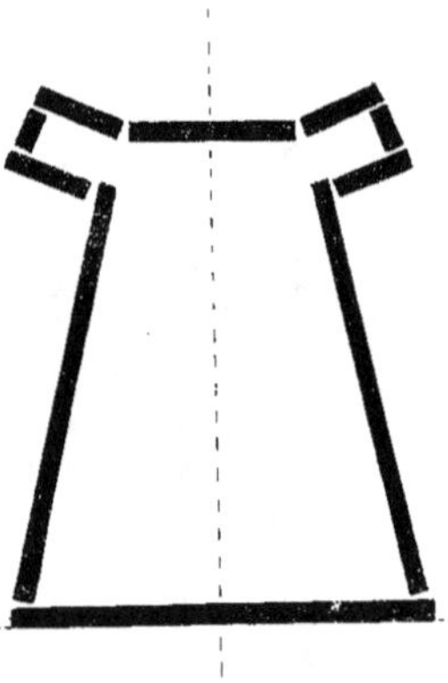

Fig 81

Un Guéridon

Une Chemise d'enfant

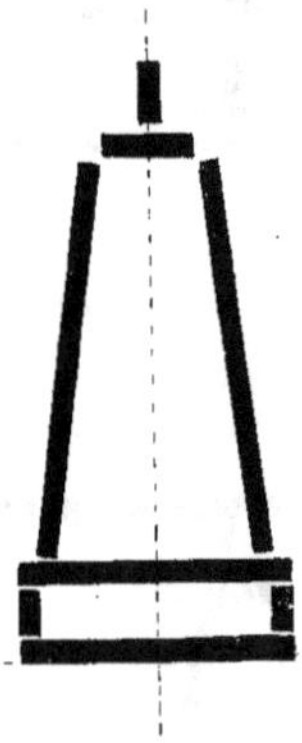

Une Borne

Fig. 82

Fig. 83

Fig. 84

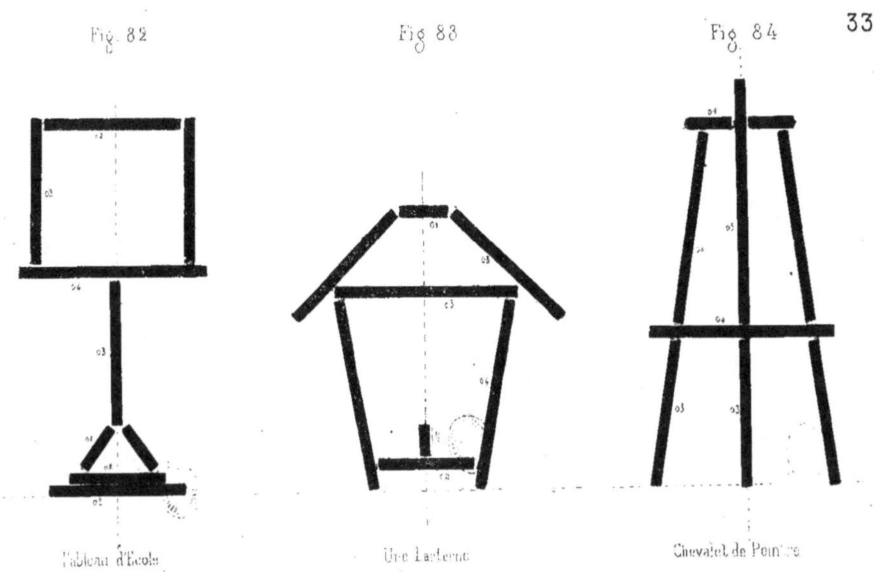

Tableau d'École

Une Lanterne

Chevalet de Peintre

34   Fig 85   Fig. 86   Fig. 87

Un grand Vase   Un Pupitre   Une Niche

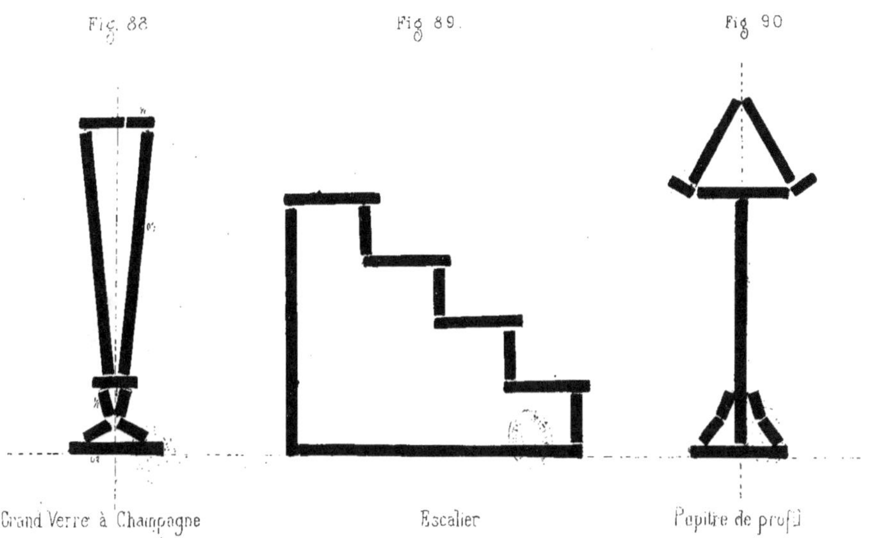

Fig. 88.
Fig 89.
Fig 90
Grand Verre à Champagne
Escalier
Pupitre de profil

36

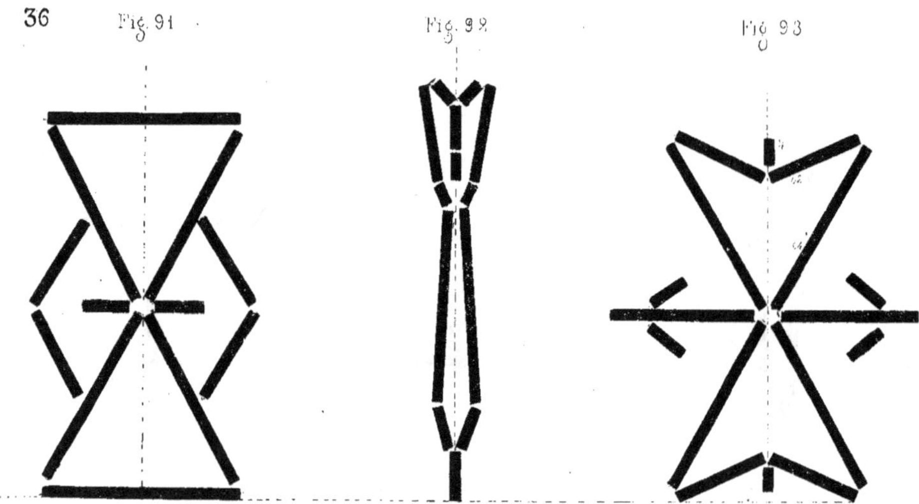

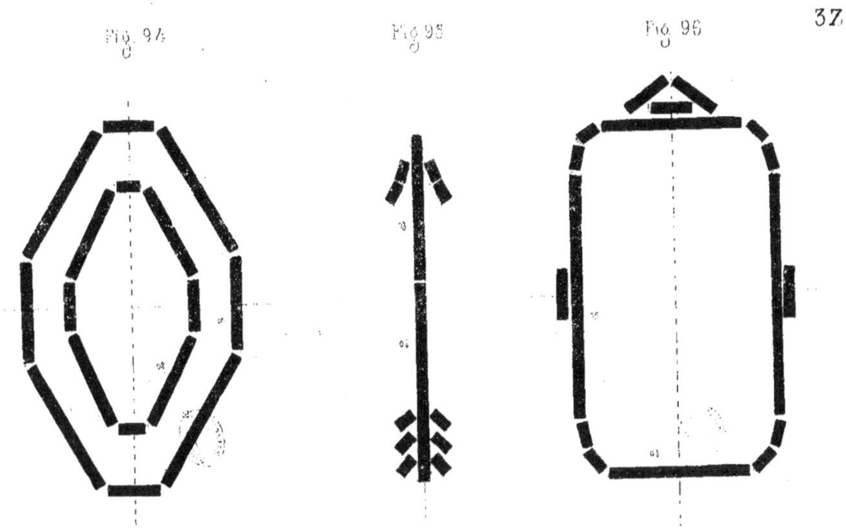

Fig. 94.   Fig. 95.   Fig. 96.

38

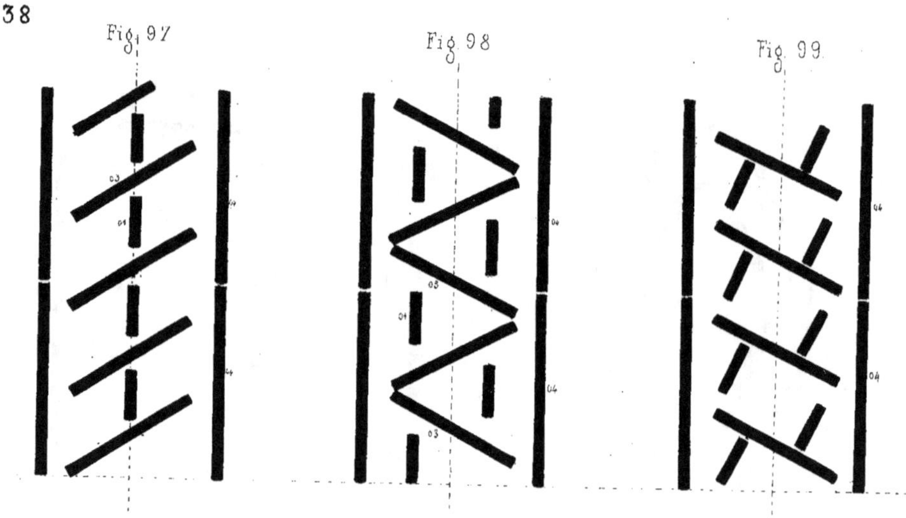

Principes de Bordures

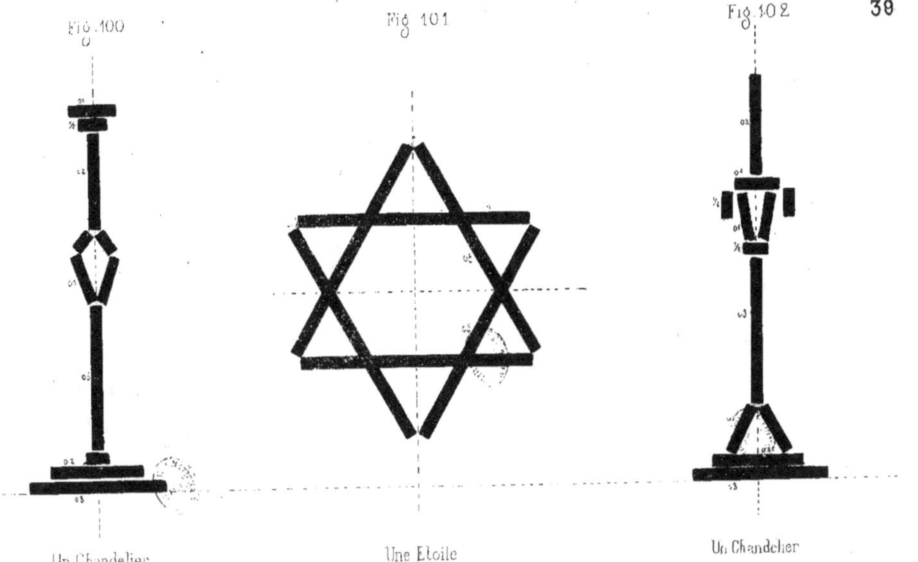

Fig. 100

Fig. 101

Fig. 102

Un Chandelier

Une Etoile

Un Chandelier

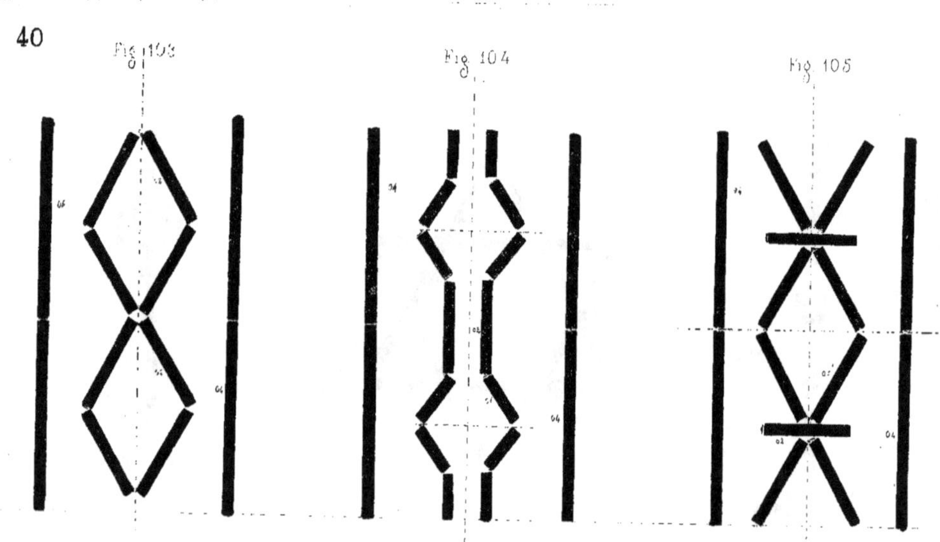

Principes de Bordures

Fig. 106 Fig. 107 Fig. 108 Fig. 109

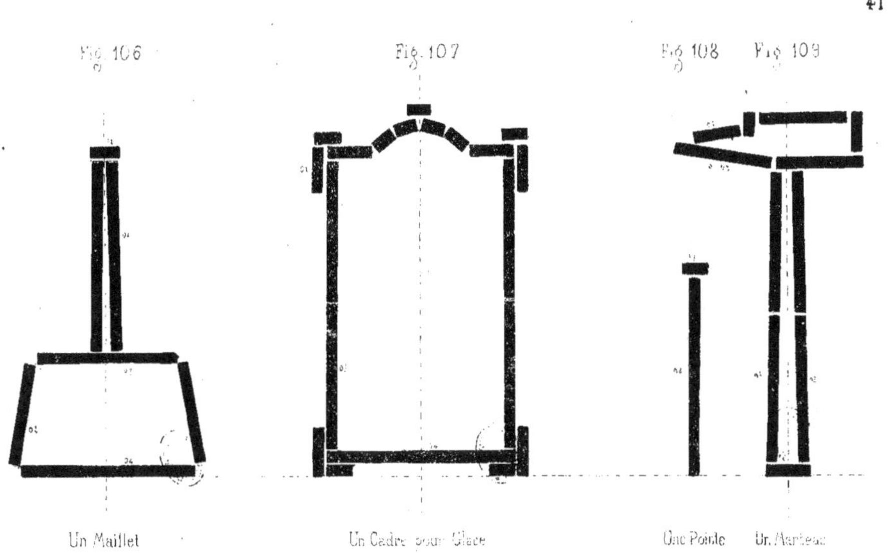

Un Maillet   Un Cadre pour Glace   Une Pointe   Un Marteau

Fig 110   Fig 111   Fig 112

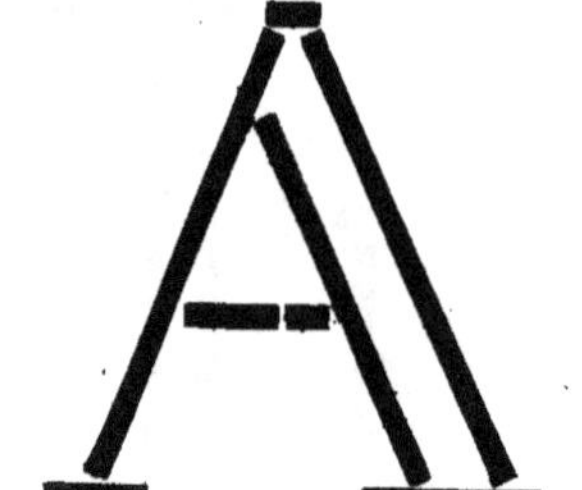

Un A   Un E   Un N

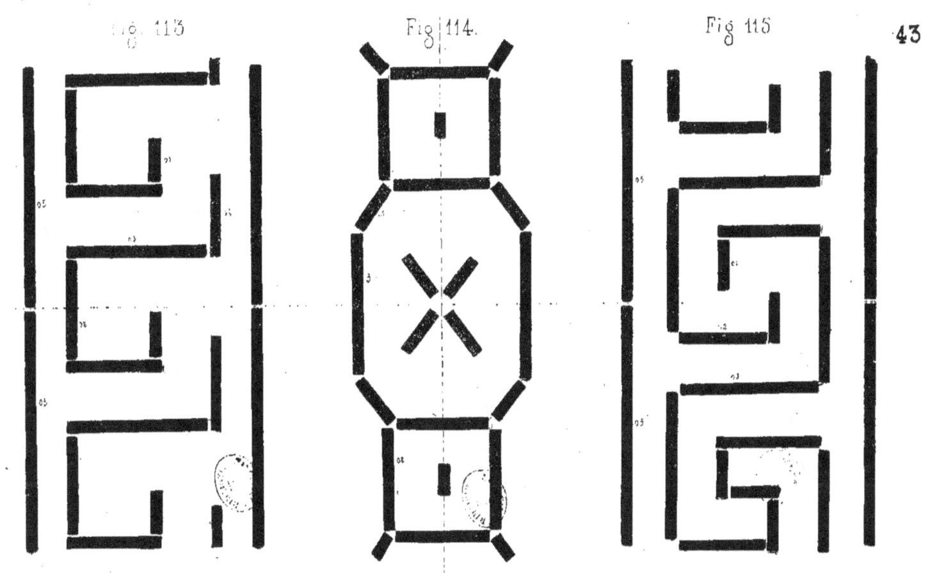

Fig. 113.   Fig. 114.   Fig 115

44

Fig. 116

Fig. 117

Fig. 118

Fig. 119

Fig. 120

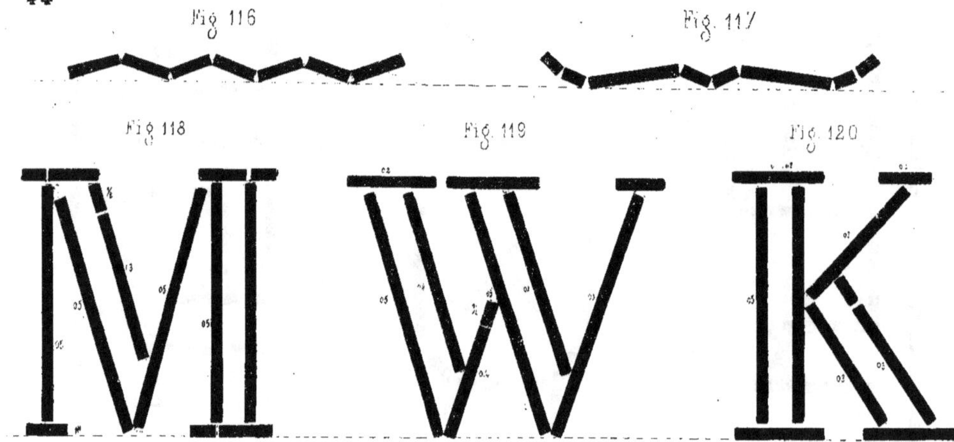

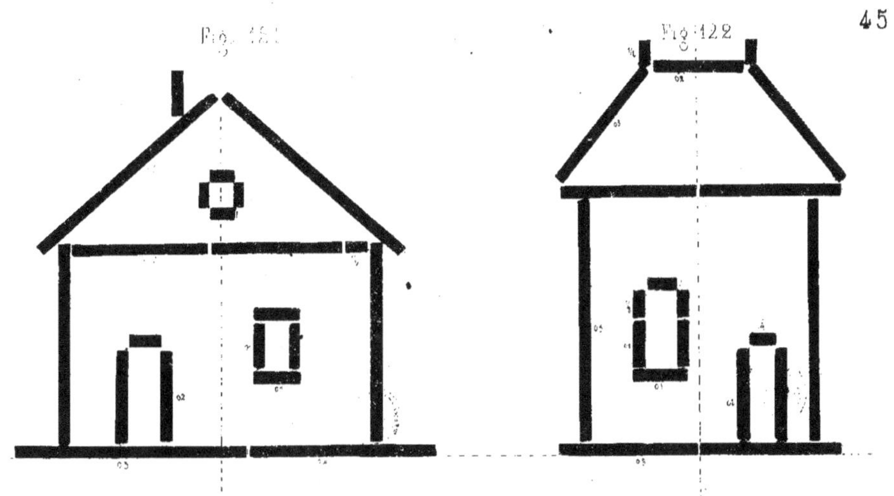
Fig. 121
Fig. 122

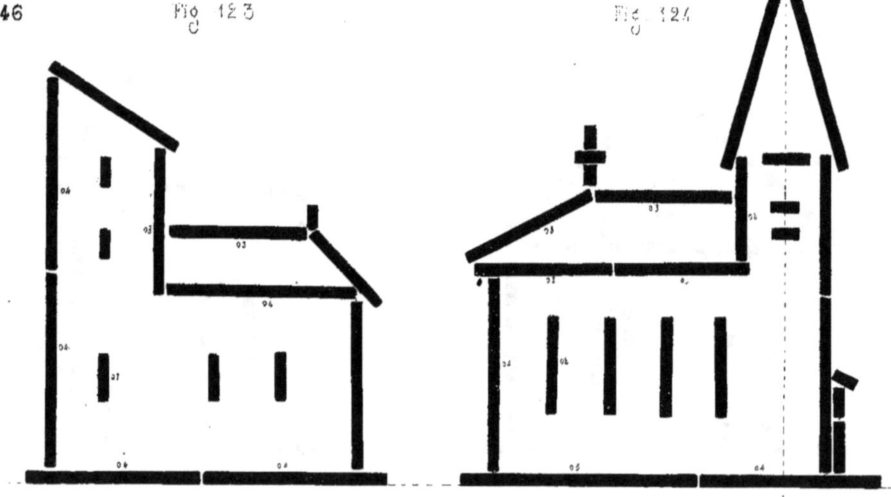
Fig 123
Fig 124

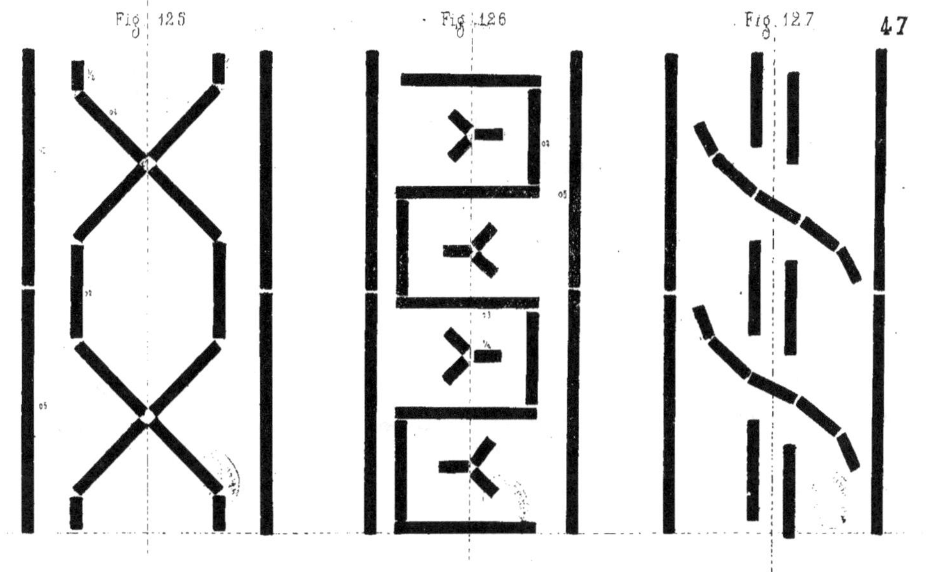

Fig. 125   Fig. 126   Fig. 127

Bordures variées

48

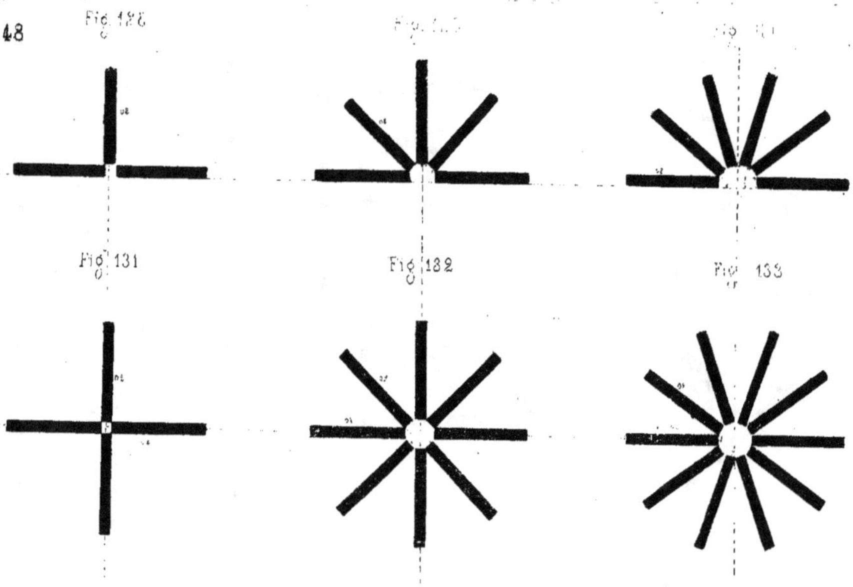
Fig. 128
Fig. 129
Fig. 130
Fig. 131
Fig. 132
Fig. 133